Table des matières

KT-115-949

Try to read the question and choose an answer on your own.

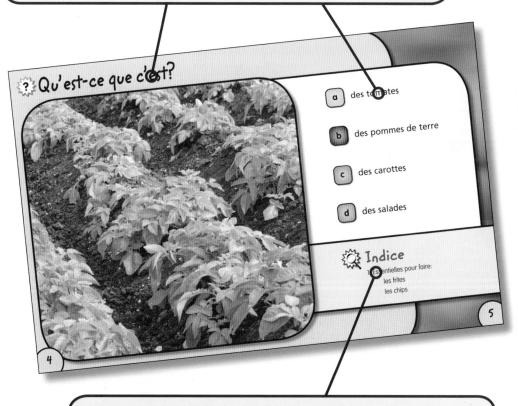

? Qu'est-ce que c'est?

a   des tomates

b   des pommes de terre

c   des carottes

d   des salades

Indice

Es...entielles pour faire:
les frites
les chips

4

5

You might want some help with text like this.

Qu'est-ce que c'est?

La nourriture

Fiona Undrill

Heinemann
LIBRARY

Food and drink

www.heinemann.co.uk/library
Visit our website to find out more information about Heinemann Library books.

To order:
☎ Phone 44 (0) 1865 888066
   Send a fax to 44 (0) 1865 314091
📄 Visit the Heinemann Bookshop at www.heinemann.co.uk/library to browse our
💻 catalogue and order online.

First published in Great Britain by Heinemann Library, Halley Court, Jordan Hill, Oxford OX2 8EJ, part of Pearson Education. Heinemann is a registered trademark of Pearson Education Ltd.

Editorial: Charlotte Guillain
Design: Joanna Hinton-Malivoire
Picture research: Ruth Blair
Production: Duncan Gilbert

Printed and bound in China by
Leo Paper Group.

ISBN 9780431931289 (hardback)
11 10 09 08 07
10 9 8 7 6 5 4 3 2 1
ISBN 9780431931388 (paperback)
11 10 09
10 9 8 7 6 5 4 3

**British Library
Cataloguing in Publication Data**
Undrill, Fiona
La nourriture = Food and drink. - (Modern foreign languages readers)
1. French language - Readers - Diet 2. Diet - Juvenile literature 3. Vocabulary - Juvenile literature
448.6'421
A full catalogue record for this book is available from the British Library.

Acknowledgements
The publishers would like to thank the following for permission to reproduce photographs:
© Alamy pp. **6** (Stan Kujawa), **12** (Dennis MacDonald), **20** (Gari Wyn Williams), **22** (The Garden Picture Library); © Corbis pp. **3** (Mark Bolton), **4** (Mark Bolton), **8** (Annebicque Bernard), **11** (Rob Howard), **19** (Nicolas J. Bertrand/zefa); © Getty Images p. **16** (Image Bank); © Photodisc p. **15** (John A Rizzo)

Cover photograph of French market reproduced with permission of Corbis.

Every effort has been made to contact copyright holders of any material reproduced in this book. Any omissions will be rectified in subsequent printings if notice is given to the publishers.

a des tomates

b des pommes de terre

c des carottes

d des salades

 **Indice**

1. Essentielles pour faire:

les frites

les chips

Réponse

b des pommes de terre

Les pommes de terre - qui en mange le plus?

1. les Irlandais: 140g par personne

2. les Portugais: 130g par personne

3. les Britanniques, les Grecs et les Belges: 100g par personne

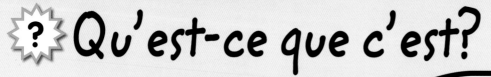

a des biscuits

b des oignons

c des steaks hachés

d des bonbons

☼ Indices

1. On les mange avec une tasse de thé.
2. Un exemple écossais: le sablé

Réponse

a des biscuits

Incroyable — mais vrai!

Au Royaume-Uni, on dépense £1 865 000 000
en biscuits par an.

Qu'est-ce que c'est?

a une tarte

b une pomme

c un gâteau

d une pizza

 Indices

1. C'est d'origine italienne.
2. Ajouter: tomates, fromage, maïs, jambon, olives, oignons…

Incroyable – mais vrai!

La pizza la plus grande du monde:

3, 50 mètres!

Qu'est-ce que c'est?

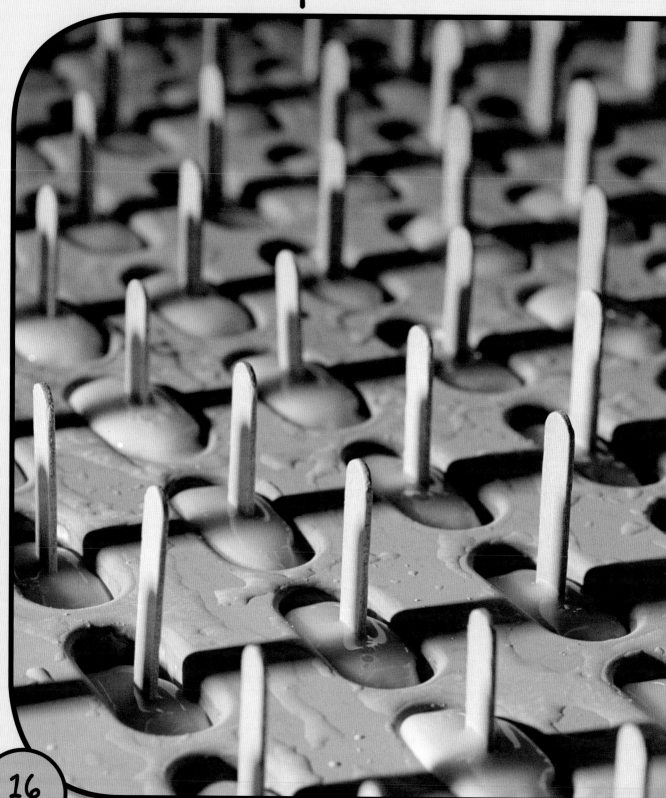

a des baguettes

b des biscuits

c des glaces

d du chocolat

 Indices

1. C'est très froid.
2. Les deux parfums les plus populaires:
   1 vanille, 2 chocolat

Réponse

c des glaces

Table des calories

Nourriture	calories	calories par 100g
une baguette	360	240
une banane	143	95
une barre de chocolat	530	530
un biscuit	74	495
une glace (chocolat)	254	235
une orange	59	37
une pizza (Margherita)	526	195
une pomme	53	47
une pomme de terre (au four)	245	136
un steak haché	159	318

Qu'est-ce que c'est?

a des oranges

b des bananes

c des fraises

d des poires

 Indices

1. C'est un fruit.
2. Normalement, ce n'est pas vert.

21

a   des oranges

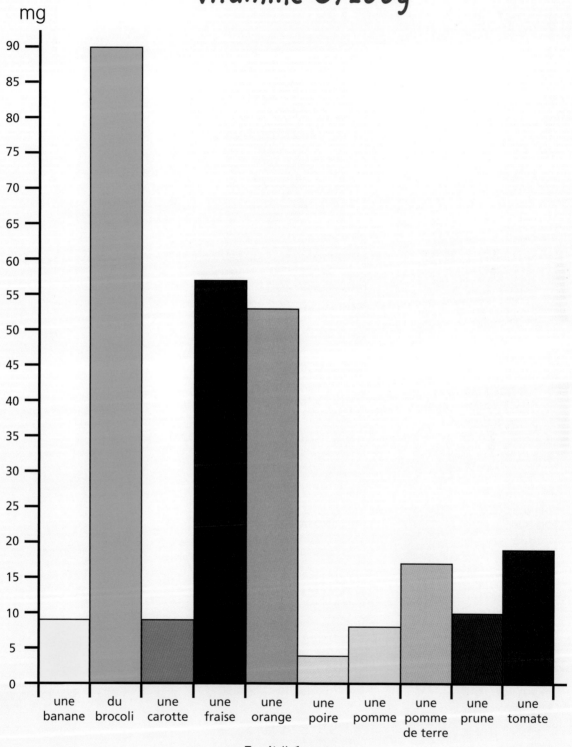

vitamine C /100g

Vocabulaire

français anglais page

ajouter add 13

avec with 9

une baguette baguette (French bread) 17, 18

une banane banana 18, 21, 23

une barre de chocolat bar of chocolate 18

les Belges Belgians 7

un biscuit biscuit 9, 10, 17, 18

un bonbon sweet 9

les Britanniques British people 7

le brocoli broccoli 23

c'est it is 17, 21

c'est d'origine it is from 13

une carotte carrot 5, 23

un casse-tête puzzle 3

ce n'est pas it isn't 21

les chips crisps 5

le chocolat chocolate 17

dépenser to spend 10

deux two 17

écossais(e) Scottish 9

essentiel(le) essential 5

un exemple example 9

faire to make/to do 5

au four in the oven/baked 18

une fraise strawberry 21, 23

une frite chip 5

froid(e) cold 17

le fromage cheese 13

le fruit fruit 21, 23

un gâteau cake 10

une glace ice cream 17, 18

les Grecs Greeks 7

incroyable incredible 10, 14

un indice clue 5, 9, 13, 17, 21

les Irlandais Irish people 7

italien(ne) Italian 14

le jambon ham 13

un légume vegetable 23

mais but 10, 14

le maïs sweetcorn 10

manger to eat 9, 10

normalement normally 21

la nourriture food 1, 18

un oignon onion 9, 13

une olive olive 13

une orange orange 18, 21, 22, 23

par an each year 10

par personne per person 7

le parfum flavour 17

une pizza pizza 13, 14, 18

le/la plus grand(e) du monde the biggest in the world 14

les plus populaires the most popular 17

une poire pear 21, 23

une pomme apple 13, 18, 23

une pomme de terre potato 5, 6, 7, 18, 23

les Portugais Portugese people 7

pour for 5

une prune plum 23

Qu'est-ce que c'est? What's this? 4, 8, 12, 16, 20

qui en mange le plus? who eats the most? 7

la réponse answer 6, 10, 14, 18, 22

le Royaume-Uni the United Kingdom 10

le sablé shortbread 9

la salade lettuce 5

le steak haché hamburger 9, 18

la table des matières contents 3

une tarte tart 13

une tasse de thé cup of tea 9

une tomate tomato 5, 13, 23

très very 17

vanille vanilla 17

vert(e) green 21

vitamine C vitamin C 23

le vocabulaire vocabulary 3, 24

vrai(e) true 10, 14

24